撰　稿

张　迪　沈蓓蕾　孙　杰
唐旭东　曹　阳　赵　新
魏诗棋　郑士明　高　雪
柴冰冰　陈禹行　滕　雪
张　静　刘晓漫　王靖雯
康　健

插图绘制

雨孩子　肖猷洪　郑作鹏
王茜茜　郭　黎　任　嘉
陈　威　程　石　刘　瑶

装帧设计

陆思茁　陈　娇
高晓雨　张　楠

了不起的中国

传统文化卷

妙趣成语

派糖童书 编绘

化学工业出版社

·北京·

图书在版编目(CIP)数据

妙趣成语／派糖童书编绘.—北京：化学工业出版社，2023.10
（了不起的中国.传统文化卷）
ISBN 978-7-122-43898-0

Ⅰ. ①妙…Ⅱ.①派…Ⅲ.①汉语-成语-儿童读物
Ⅳ.①H136.31-49

中国国家版本馆CIP数据核字（2023）第137219号

了不起的中国

—— 传统文化卷 ——

妙趣成语

责任编辑：刘晓婷　　责任校对：王　静

出版发行：化学工业出版社（北京市东城区青年湖南街13号　邮政编码 100011）
印　　装：北京尚唐印刷包装有限公司
787mm×1092mm　1/16　印张5　2024年1月北京第1版第1次印刷

购书咨询：010-64518888　　售后服务：010-64518899
网　　址：http://www.cip.com.cn
凡购买本书，如有缺损质量问题，本社销售中心负责调换。

定　　价：35.00元

前 言

几千年前，世界诞生了四大文明古国，它们分别是古埃及、古印度、古巴比伦和中国。如今，其他三大文明都在历史长河中消亡，只有中华文明延续了下来。

究竟是怎样的国家，文化基因能延续五千年而没有中断？这五千年的悠久历史又给我们留下了什么？中华文化又是凭借什么走向世界的？“了不起的中国”系列图书会给你答案。

“了不起的中国”系列集结二十本分册，分为两辑出版：第一辑为“传统文化卷”，包括神话传说、姓名由来、中国汉字、礼仪之邦、诸子百家、灿烂文学、妙趣成语、二十四节气、传统节日、书画艺术、传统服饰、中华美食，共计十二本；第二辑为“古代科技卷”，包括丝绸之路、四大发明、中医中药、农耕水利、天文地理、古典建筑、算术几何、美器美物，共计八本。

这二十本分册体系完整——

从遥远的上古神话开始，讲述天地初创的神奇、英雄不屈的精神，在小读者心中建立起文明最初的底稿；当名姓标记血统、文字记录历史、礼仪规范行为之后，底稿上清晰的线条逐渐显露，那是一幅肌理细腻、规模宏大的巨作；诸子百家百花盛放，文学敷以亮色，成语点缀趣味，二十四节气联结自然的深邃，传统节日成为中国人年复一年的习惯，中华文明的巨幅画卷呈现梦幻般的色彩；

书画艺术的一笔一画调养身心，传统服饰的一丝一缕修正气质，中华美食的一饮一馔（zhuàn）滋养肉体……

在人文智慧绘就的画卷上，科学智慧绽放奇花。要知道，我国的科学技术水平在漫长的历史时期里一直走在世界前列，这是每个中国孩子可堪引以为傲的事实。陆上丝绸之路和海上丝绸之路，如源源不断的活水为亚、欧、非三大洲注入了活力，那是推动整个人类进步的路途；四大发明带来的文化普及、技术进步和地域开发的影响广泛性直至全球；中医中药、农耕水利的成就是现代人仍能承享的福祉；天文地理、算术几何领域的研究成果发展到如今已成为学术共识；古典建筑和器物之美是凝固的匠心和传世精华……

中华文明上下五千年，这套“了不起的中国”如此这般把五千年文明的来龙去脉轻声细语讲述清楚，让孩子明白：自豪有根，才不会自大；骄傲有源，才不会傲慢。当孩子向其他国家的人们介绍自己祖国的文化时——孩子们的时代更当是万国融会交流的时代——可见那样自信，那样踏实，那样句句确凿，让中国之美可以如诗般传诵到世界各地。

现在让我们翻开书，一起跨越时光，体会中国的“了不起”。

目　录

淨
空
識
鼻
見
如
復
眼
空
行
增
竄
不
是

导 言

你好啊，成语！很荣幸地认识你。我们知道你的年岁可能很大，还知道你很专一，一个成语不会用来表达不同的意思，你的个性又很干脆，总是几个字就能说明很多事情。

你在汉语中有着很重要的地位，中华民族的历史文化、文学魅力、民族个性都可以通过你来体现，而且你精练又好记，体现了汉语的精准深刻以及总结能力。所以说，你的意义和价值不只在语言文学上，更体现在文化上，融进了整个中华民族的精神世界。

为了便于小朋友们更好地理解你，这本书将讲一讲你的来源，让小朋友们知道这么漂亮的你是怎么形成的；再简单地说说成语结构，以便于小朋友们向你学习；成语大多是四个字的，但也有两个字、三个字、五个字、八个字的，甚至还有更多字数的，给小朋友们扩展一下这方面的知识。此外，也要给小朋友们讲讲你的修辞手法和历史演变。

总之，我们很荣幸地认识你——成语！你是十分有魅力的中华语言，了解你、使用你是每个汉语言语境下的小朋友都需要做到的，让我们开始对你进行深入的了解吧！

成语的来历

来自历史的成语

中国历史悠久，文化源远流长，有很多成语来自历史典故，有的是对历史事件的总结概括，有的是记录历史事件的一个片段。来自历史的成语，我们需要了解历史事件才能明白成语的意义。

卧薪尝胆

释义：卧柴草，尝苦胆。形容人刻苦自励（lì）、发奋图强。

出处：【西汉】司马迁《史记·越王勾践世家》

春秋时，越王勾践败给吴王夫差（chāi），堂堂一国之君被迫给曾经的对手做了马夫。后来，勾践侥（jiǎo）幸回到越国，立志报仇雪耻。他用柴草当

作褥（rù）子，又挂起了一个苦胆，坐下和躺着的时候都看一看，吃饭之前也要先尝一尝，问自己说："你忘了曾经的耻辱吗？"就这样，二十年后，越国重新强大起来，灭了宿敌吴国。

乐不思蜀

释义： 很快乐，不思念蜀（shǔ）国。在新环境中得到乐趣，用来比喻乐而忘本或乐而忘返。

出处：【西晋】陈寿《三国志·蜀书·后主传》

蜀国灭亡后，刘禅（shàn）被带到了洛阳。

一天，司马昭宴请刘禅，安排了蜀国的歌舞。蜀国旧臣看了心中悲伤，而刘禅却看得很高兴。

司马昭问刘禅："你想念蜀地吗？"

刘禅说："我在这里很快乐，不思念蜀地。"

司马昭对贾充说："刘禅竟麻木不仁到了这样的地步，即使诸葛亮也不能辅佐，何况姜维呢！"

闻鸡起舞

释义：听到鸡鸣就起来舞剑。比喻立志报国的奋发精神。

出处：【唐】房玄龄等《晋书·祖逖（tì）传》

祖逖和刘琨（kūn）是晋朝人，他们从小就是好朋友。一天夜里，传来鸡叫的声音，当时的人们认为，半夜鸡叫是不吉利的，祖逖却叫醒刘琨说："这不是不吉利的声音，而是催我们奋起，我们一起来舞剑吧！"刘琨欣然同意。

功夫不负有心人，经过长期的刻苦学习和训练，他们终于成为能文能武的全才，既能写得一手好文章，又能带兵打胜仗。祖逖被封为镇西将军，实现了他报效国家的愿望；刘琨做了征北中郎将，兼管并、冀、幽三州的军事，也充分发挥了他的文才武略。

黄袍加身

释义： 被披上了黄色的龙袍。比喻被拥立为领导者。

出处：【元】脱脱等《宋史·太祖本纪》

赵匡胤（kuāngyìn）原本是周世宗手下的大将。周世宗死后，七岁的柴宗训继位。一天，战报说北汉和辽国打过来了，赵匡胤带兵迎击。大军来到离京城二十里的陈桥驿（yì）时停了下来。赵匡胤的弟弟赵光义、大将高怀德等人说皇帝年幼，不堪治理国家，他们拿出早已准备好的一件黄袍，披在了赵匡胤身上，拥立他做天子。于是，赵匡胤带兵回去，坐了皇位，建立了新的政权，国号宋。

完璧归赵

释义： 本指蔺相如将和氏璧完好地自秦国送回赵国。现比喻把原物完好地归还原主。

出处： 【西汉】司马迁《史记·廉（lián）颇蔺（lìn）相如列传》

战国时期，秦王得知赵王得到无价之宝——和氏璧，就假装用十五座城池交换。

秦王拿到和氏璧后，却不谈用城池交换的事情。蔺相如就骗秦王说和氏璧上有个小斑点，又将和氏璧重新拿了回来。蔺相如对秦王非常失望，说要撞碎和氏璧。

秦王一心想得到宝玉，只好答应也斋戒五天。蔺相如担心秦王还会违背约定不给城池，便让自己的侍从带着和氏璧从小路返回赵国。

负荆请罪

释义： 背着荆条，向当事人认罪，请求责打。形容真心悔过，主动向人道歉，请求原谅。

出处： 【西汉】司马迁《史记·廉颇蔺相如列传》

蔺相如被封为上卿，位在廉颇之上。廉颇很不服气，扬言要当面羞辱蔺相如。蔺相如得知后，一直忍让，尽量不与廉颇发生冲突。蔺相如的门客以为他害怕廉颇，然而蔺相如说："秦国不敢侵略我们赵国，是因为有我和廉将军。我对廉将军容忍，是把国家的危难放在前面，把个人的私仇放在后面！"廉颇知道后很惭愧，于是背上荆条到蔺相如的门前请罪，从此二人成为刎（wěn）颈之交。

一字千金

释义：一个字价值千金。后形容诗文文辞精妙，价值极高。

出处：【西汉】司马迁《史记·吕不韦列传》

战国末期，养士之风甚盛，身居高位的吕不韦也养了三千门客作为他的智囊。这些门客都会把自己的见解写出来，汇集起来就成了一部二十余万言的巨著，共一百六十余篇，题名《吕氏春秋》。

吕不韦把这本书在秦国都城咸阳公开，说：“如果有人能在书中增加一字或删掉一字，就赏赐千金。”

后人根据这个故事，引申成语“一字千金”，用来形容一篇文章的价值很高，每个字都很精妙。

来自寓言的成语

很多古人，比如孟子、庄子、韩非子，他们喜欢用寓言来说明道理，这些寓言短小精悍（hàn），所蕴含的道理却意味深长。慢慢地，这些寓言就精炼成了成语。

“寓言”一词最早见于《庄子》，在春秋战国时期兴起，当时，一些辩论家把寓言当成辩论的手段，后来成为文学作品的一种体裁。

在先秦诸子百家的作品中，《列子》《庄子》《韩非子》收录的寓言故事最多。很多成语也是来源于这些寓言故事，如狐假虎威、南辕北辙、揠（yà）苗助长，等等。

狐假虎威

释义：狐狸借助老虎的威风吓退百兽。比喻倚仗别人的权势来吓唬人。

出处：【西汉】刘向《战国策·楚策》

老虎出来捕猎，捉到一只狐狸。狐狸说："你怎么敢吃我？我是上天派来管理百兽的。你要是吃了我，就是违背上天的命令。你要是不信，就跟着我来，让你看看其他动物见到我的样子。"老虎听了，就和狐狸同行，群兽见了老虎，都纷纷逃跑。老虎不知道百兽是被自己吓跑的，还以为它们是害怕狐狸呢。

揠苗助长

释义：揠是拔的意思。把苗拔起，帮助它生长。比喻急于求成，违反事物的发展规律，反而会坏事。

出处：【战国】孟子《孟子·公孙丑上》

宋国一个种田人盼望田里的禾苗能够快点长大，就把禾苗往高里拔。他忙了一天，回到家里时得意地说："今天可把我累坏了，不过我让禾苗都长了一大截。"

他的儿子跑到田里去看，却发现禾苗都枯死了。

这则寓言告诉我们："欲速则不达""心急吃不了热豆腐"，要尊重事物发展的自然规律，如果只看到眼前的利益，急于求成，结果可能得不偿失。

滥竽充数

释义： 不会吹竽（yú）的人混在吹竽的队伍里充数。比喻没有真才实学的人混在内行人之中，以次充好。

出处：【战国】韩非《韩非子·内储说上》

战国时，齐国的国君齐宣王喜欢听三百人的乐队一起吹竽给他听。南郭先生也去申请给齐宣王吹竽，齐宣王很高兴，给他和大家一样的待遇。南郭先生心里十分得意，他根本不会吹竽，来这里只是为了骗取丰厚的报酬。当别人卖力地吹奏时，他也能混在乐队里装装样子。

后来，齐宣王死了，继位的齐湣（mǐn）王喜欢听独奏。这下可把南郭先生急坏了，他知道再也混不下去了，只好逃走了。

叶公好龙

释义： 形容表面上爱好某种事物，实际并非如此。

出处：【西汉】刘向《新序·杂事五》

传说叶公特别喜欢龙，他家里的墙上画着龙，柱子上刻着龙，各种器具、用品也都装饰着龙的图案。天上的真龙知道了，便从天而降，来到叶公家里。它把头搭在窗台上，尾巴一直绕到堂屋的旁边，探头向屋子里面看。叶公见到真龙，吓得转身就跑，好像丢了魂一样茫然无措。看来，叶公并不是真的喜欢龙，他只是喜欢那些像龙却不是龙的东西而已。

买椟还珠

释义： 买下盒子，而把盒子中的珍珠归还给卖主。比喻不识货，取舍不当。

出处：【战国】韩非《韩非子·外储说左上》

有个楚国的珠宝商人，在郑国贩卖珠宝。他把一颗最贵重的珍珠定了最高的价格，并且特制了一个漂亮精致的小盒子。经过精心设计的小盒子刚摆出来，便被一位顾客看中了，他当场如数付款买了下来。可是这位顾客却把珍珠取出来，还给商人，只把空盒子拿走了。

井底之蛙

释义：处在井底的青蛙只能看到井口那样大小的一片天。比喻见识浅陋的人。

出处：【战国】庄子《庄子·秋水》

“井蛙不可以语于海者，拘于虚也；夏虫不可以语于冰者，笃于时也。”意思是我们不能与井里的青蛙谈论大海的事情，是因为它的眼界被它的居所限制住了；我们也不能和在夏天会死去的虫子讨论冰雪的事情，是因为它的眼界受到了时令的制约。

惊弓之鸟

释义：被弓箭吓怕了的鸟。比喻受过惊恐，听到一点儿动静就特别害怕的人。

出处：【西汉】刘向《战国策·楚策》

战国时期，有个叫更羸（léi）的人，射箭很厉害。一天，他看见天上有一只鸟，便对魏王说：“我不射箭，就能把鸟打下来。”魏王不信，更羸张弓拉弦，但没有射箭，那只鸟竟真的掉了下来。更羸说：“它飞得慢，是因为有箭伤；叫声悲惨，是因为离群太久。听到弓弦声，越想快速躲避，越会使箭伤复发，所以才会掉下来。”

来自诗文的成语

中国历朝历代有无数优秀的文人，很多成语来自他们的诗歌、辞赋、散文、小说等作品。

颠倒黑白

释义： 黑说成白，白说成黑。比喻歪曲事实，混淆（xiáo）是非。

出处：【战国】屈原《九章·怀沙》

屈原在楚国有很高的声望，深得楚怀王信赖，后来他对内主张改革弊政，对外采取联齐抗秦的策略，这引起了贵族上官大夫靳尚和令尹子兰的不满，他们诬陷屈原，害得屈原被流放到很远的地方。后来，秦将白起率军攻破楚国都城，烧毁楚国先王的陵墓，百姓们四处逃亡。屈原听到这个消息后，将满腔的忠诚和悲愤，写进了《九章·怀沙》中，“变白以为黑兮，倒上以为下”就是对那些小人的控诉。后人将这句话概括为成语“颠倒黑白”。

春风得意

释义：在春天的和风里自我满足的愉悦心情。原指科举考中后洋洋自得的心情，后来泛指得意的心情。

出处：【唐】孟郊《登科后》

唐朝孟郊科举考中后，非常高兴，作了一首诗来表达自己当时的心情："昔日龌龊（wòchuò）不足夸，今朝放荡思无涯。春风得意马蹄疾，一日看尽长安花。"

八仙过海

释义：道家的八位仙子不用舟船，而凭各自高超的本领过海。比喻各自拿出本领或办法，互相竞赛。

出处：【明】吴元泰《东游记》

相传，八仙曾在蓬莱阁上聚会饮酒，酒至酣时，铁拐李提议乘兴到海上一游。众仙都十分赞同，他们定下规则，每个人都凭自己的道法渡海，不得乘舟。汉钟离、何仙姑、吕洞宾、张果老、曹国舅、铁拐李、韩湘子、蓝采和纷纷将各自宝物抛入水中，借助宝物大显神通，遨游东海。

世外桃源

释义：指与现实隔绝、生活安乐的理想境界，也指环境幽静、生活安逸的地方。

出处：【东晋】陶渊明《桃花源记》

东晋的时候，有一个渔人迷了路。他沿着溪水前行，在一片桃花林的尽头，发现了一个隐蔽的村子，村里人的生活非常安乐富足。

车水马龙

释义：水：河流。车辆像流水一样绵延，马匹像游龙一样蜿蜒。形容车马来往十分繁华的景象。

出处：【东汉】班固《东观汉记·明德马皇后纪》

东汉名将马援的小女儿马氏虽被封为皇后，却依旧勤俭节约。有一次，在大臣们提议给她娘家亲属升官后，马皇后路过舅舅家，看见门外车子像流水那样不停地驶去，马匹往来不绝，好像一条游龙，十分招摇，因此没有同意给他们加官晋爵。

天涯比邻

释义：远在天涯却犹如近邻。常用来表达对远方友人的情谊。也指现代通信方便，缩短了人与人之间的距离。

出处：【唐】王勃《送杜少府之任蜀州》

“海内存知己，天涯若比邻。”王勃在长安相送将要去四川做官的好友，临别时赠送给他这首送别诗，来表达好友分别时依依不舍的心情。

悲欢离合

释义：泛指悲哀、欢乐、离别、团聚的种种遭遇和心情。

出处：【宋】苏轼《水调歌头·明月几时有》

苏轼在中秋节的深夜里，不禁怀念起多年未见的弟弟苏辙，于是挥笔写下“人有悲欢离合，月有阴晴圆缺，此事古难全。但愿人长久，千里共婵娟。”

来自名言的成语

古人把立德、立功、立言合称为“三立”，也称“三不朽”。立德指树立道德，立功指建立功绩，立言指提出有真知灼（zhuó）见的言论。很多成语便来自名言。

鸿鹄之志

释义：天鹅拥有高飞的志向。比喻雄心壮志。

出处：【西汉】司马迁《史记·陈涉世家》

陈胜（字涉）在给人当雇工时对同伴说："日后，如果我们有谁富贵了，可不要忘了大伙儿啊。"其他人说："你一个雇工怎么可能富贵呢？"陈胜说："燕雀安知鸿鹄（hú）之志哉！"意思是你们这些小燕小雀怎么能知道高飞的大雁和天鹅的志向呢。

狐鸣鱼书

释义：夜间狐鸣叫，鱼腹中得书。原指秦末陈胜起义鼓动群众反秦的典故，后泛指动员众人起事。

出处：【西汉】司马迁《史记·陈涉世家》

陈涉起义前夕，秦朝廷征召闾（lǘ）左平民去渔阳戍守，有九百人途中屯驻在大泽乡，陈胜、吴广也在其中，且被指派为屯长。恰巧遇上天降大雨，道路不通，他们推测已经无法按照规定期限到达渔阳。按照秦律延误戍期，一律处斩。于是陈胜、吴广便借机杀掉押送他们的兵将，然后召集戍卒，想动员大家起义反抗。

陈胜心中有所担忧，担心大家不跟从他。于是，他在白绸上写下"陈胜王"三个字，并塞入鱼腹。半夜时，他又令吴广在古庙用竹笼罩上篝火，学狐狸叫"大楚兴，陈胜王"，为起义造势。第二天，他们就起义建立了张楚政权。

马革裹尸

释义：用马皮把尸体包裹起来。指军人战死于沙场，形容为国捐躯的决心。

出处：【南朝·宋】范晔（yè）《后汉书·马援传》

马援是东汉初年的名将，曾立下很多战功。

马援并没有躺在功劳簿（bù）上，他说："如今，匈奴和乌桓（huán）还在北方不断侵扰，我打算向朝廷请战，当个先锋。男儿应该死在战场上，用马皮裹着尸体回来埋葬，怎么能躺在床上，死在儿女的身边呢？"

后来，马援南征平叛，不幸在军中病逝，实现了"马革裹尸"的誓言。

乘风破浪

释义： 乘着风势，破浪前进。比喻排除困难，奋勇前进。

出处：【南朝·梁】沈约《宋书》

南北朝时，河南南阳有位年轻人名叫宗悫（què），字元干。他从小就喜欢舞剑弄棒，练拳习武，习得了一身好武艺。

有一天，他的哥哥要成亲，家里来了很多客人，十分热闹。没想到，有十几个盗贼冒充客人混了进来，他们偷偷地潜入库房准备抢劫，正好被一个来取东西的仆人发现。仆人惊叫着跑向客厅报告此事，宾客们都吓坏了。

年仅十四岁的宗悫镇定自若，拔出佩剑，直奔库房，和盗贼们打在一起。盗贼们打不过宗悫，只好逃跑了。宾客见状都称赞他少年有为，问他长大后想干什么，他大声地说："愿乘长风破万里浪，干一番伟大的事业。"

后来，宗悫成为武将，为国家打了很多胜仗，立下许多战功，实现了少年时的志向。

开卷有益

释义：打开书本阅读，就会有所得益。

出处：【北宋】王辟之《渑（shéng）水燕谈录·文儒》

宋朝初年，宋太宗命文臣李昉等人编写了一部规模宏大的分类百科全书——《太平总类》。对于这部巨著，宋太宗很感兴趣，他规定自己每天至少要看两三卷，一年内全部看完，所以这部书在后来更名为《太平御（yù）览》。

大臣宋琪等人劝告他少看些，不要过于劳累。可是，宋太宗却回答说：“多看些书，总会有益处，书中有很多乐趣，并不让人觉得劳神。”就这样宋太宗每天坚持阅读三卷，有时因国事忙耽误了，他也会抽空补上。宋太宗读书多，处理国家大事自然也十分得心应手。

与生活有关的成语

与吃有关——寅吃卯粮

释义：干支纪年法里，寅（yín）年的下一个年头是卯（mǎo）年，意思是这一年吃了下一年的粮，支出大于收入。比喻经济困难，入不敷（fū）出。

出处：【清】李宝嘉《官场现形记》

“我只吃一份口粮，那里会有多少钱。就是我们总爷也是寅吃卯粮，先缺后空。”

津津有味

释义：津津：兴趣浓厚的样子。形容吃得很有味道或谈得很有兴趣。

出处：【明】朱之瑜《朱舜水集·答野节之十七首》

“佳作愈读愈觉津津有味，可见理胜之文，大胜他人词致美好也。”

与画画有关——画蛇添足

释义：在已经画好的蛇上，又添上脚。比喻多此一举，反而弄巧成拙。

出处：【西汉】刘向《战国策·齐策》

古代有个贵族把一壶祭酒赏给了门客。

门客们决定比赛在地上画蛇，谁先画好，谁就喝这壶酒。

一个人最先画好了，他说："我再给蛇添上几只脚吧！"

没等他把脚画完，另一个人也把蛇画完了，把酒壶抢过去说："蛇本来是没有脚的，你怎么能给它添脚呢！"说着，把酒喝了个精光。而那个为蛇画脚的人却连一滴酒也没能喝到。

与睡觉有关——黄粱一梦

释义：黄粱，小米。煮黄米饭的工夫睡了一觉，做了一个好梦。比喻幻想破灭、落空。

出处：【唐】沈既济《枕中记》

一位姓卢的穷书生在邯郸一家旅馆里遇到了道士吕翁，卢生向这位道士感叹自己的一生如何穷困潦（liáo）倒。吕翁听后，便拿出一个枕头说：“你把它枕在头下，便可以一切如愿了。”这时，店里正在煮黄粱饭，而卢生由于一路旅途艰辛，非常疲惫，便糊里糊涂地倒在吕翁给他的枕头上，很快就睡着了。

在卢生的梦里，他娶了一位年轻漂亮的富家千金为妻，还顺利地当上了官，又有了好几个子女。后来，他的儿女们一个个长大了，每个人都生活得舒适优裕（yù），而卢生也步步高升，一直做到宰相。又过了几年，他又有了孙子、外孙，闲居在家当起了老太爷。他舒舒服服地活到了八十多岁，才安然死去。

然而这只是一场梦，卢生从梦中醒来，发现自己仍然住在旅店的小房间中，店主人煮的黄粱饭还没有熟。

与写字有关——入木三分

释义：王羲之在木板上写字，墨色渗入木板三分深。形容书法极有笔力，也比喻分析问题很深刻。

出处：【唐】张怀瓘（guàn）《书断·王羲之》

王羲之是东晋时期的大书法家，号称“书圣”。

皇帝要到北郊去祭祀，让王羲之把祝词写在一块木板上，再派工人雕刻。工人雕刻时，发现王羲之的笔力竟然渗入木头三分深。

与歌曲有关——余音绕梁

释义：余音：留下的声音。绕梁：在梁间回绕。音乐长久地在屋梁上回荡。形容歌声优美，给人留下难忘的印象。

出处：【战国】列子《列子·汤问》

“昔韩娥东之齐，匮（kuì）粮，过雍（yōng）门，鬻（yù）歌假食，既去，而余音绕梁欐（lì），三日不绝。”

当年（战国时候），一位韩国来的女子东行到齐国去，因为断粮挨饿，于是在雍门那里卖唱乞食。她的歌声十分动听，百姓们聚在雍门，久久不肯散去。即使后来她人已经走了三天，人们似乎还能听到她那歌声的余音在屋梁间萦（yíng）绕不断。

对牛弹琴

释义： 弹琴给牛听。比喻对不讲道理的人讲道理，对不懂美的人讲风雅，也用来讥讽人讲话时不看对象。含贬义。

出处：【东汉】牟融《理惑论》

战国时期，有一位叫公明仪的音乐家，他的七弦琴弹得特别好，技法十分娴熟，弹奏行云流水，曲子优美动听，受到很多人的喜爱。

有一天，公明仪走在郊外的乡间小路上，忽然看见一头黄牛正在津津有味地吃草，他觉得自己琴技高超，一定能打动老黄牛，就不顾周围人异样的眼光，坐在地上，开始对着牛弹起了最高雅的乐曲——“清角之操”。但老黄牛只顾低头吃草，对他弹的音乐无动于衷。这首曲子太过高雅，就连周围的农人也听不懂。

一支曲子弹完，老黄牛始终对公明仪爱搭不理，只顾低头吃着地上的青草。见状，公明仪又弹了一首通俗的小曲，引得农人们纷纷鼓掌叫好，但老黄牛仍然毫无反应。

公明仪没有放弃，双手拨弄琴弦，弹起了自己最拿手的曲子，谁知，老黄牛竟然甩甩尾巴，慢悠悠地走了。公明仪失望地站起来收拾琴打算离开，无意中碰到琴弦，发出了类似“哞哞”的声音，那牛竟然停了下来，回头看了看公明仪。

公明仪见了，自嘲道：“原来不是牛蠢，是我蠢，对着牛弹琴，它怎么可能听得懂呢？”

与跳舞有关的成语——长袖善舞

释义： 善，容易。衣服的袖子很长，有利于翩翩起舞。原比喻做事有所凭借，事情就容易成功。后多比喻有财势、有手腕的人善于钻营。

出处：【战国】韩非《韩非子·五蠹（dù）》

《韩非子·五蠹》中有："鄙谚曰：'长袖善舞，多钱善贾。'"意思是说衣袖长便于跳舞，钱财多便于做生意，后世据此典故引申出成语"长袖善舞"。

战国时期，范雎（jū）向秦昭王进献了"远交近攻"等一系列巩固政权的妙计，使秦国强大起来。秦昭王封他为丞相，一当就是几十年。

一个叫蔡泽的燕国人来求见范雎，对范雎说："我能言善辩，如果见上秦昭公一面，一定会取代你的相位。秦国的商鞅和楚国的吴起最后都惨遭杀害了。你的功绩远不及他们，还是把丞相之位让给我吧！"

范雎听完觉得有道理，就称病辞官了。谁知，蔡泽原来是个投机取巧的人，没过几个月，就被免职了。

与父母有关——孺子牛

释义： 孺（rú）子指孩子，孺子牛是大人假扮的供孩子游戏的牛，用来比喻父母溺（nì）爱孩子。后来也指为他人尽心服务的人。

出处：【春秋】左丘明《左传·哀公六年》

齐景公最小的儿子名叫荼（tú），非常得宠。有一次，齐景公陪荼一起玩，他装作一头牛，趴在地上，嘴里咬着一根绳子，让荼牵着走。不料，荼踩到了地上的石头，不小心跌了一跤，把齐景公的牙拉掉了。

临死前，齐景公要立荼为继承者。可等到齐景公一死，齐国大夫陈禧（xī）子就要立公子阳生为国君。大臣鲍牧对陈禧子说："你难道忘了？在荼还是小孩子的时候，老国君陪他一起玩，把牙齿都弄掉了，你怎么能违背他的意愿呢？"

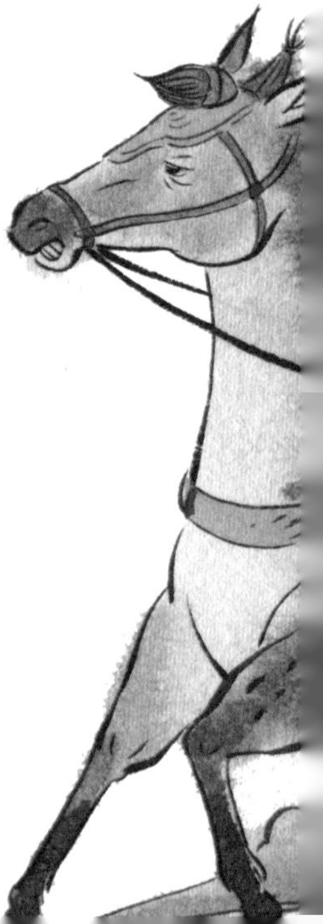

与“追星”有关——掷果盈车

释义：投果子把车投满。形容一个人才情、相貌出众，十分受人追捧。

出处：【南朝·宋】刘义庆《世说新语·容止》

“潘岳妙有姿容，好神情。少时挟弹出洛阳道，妇人遇者，莫不联手共萦之。”

潘岳是潘安的别名，他是西晋时期的大文学家，不仅才华横溢，而且长相好，气质佳。他每次乘车出门，洛阳的女子都非常仰慕他，手牵手连成一个圈，把他围起来，不让他走。就连街上的老妇都为他着迷，大家都像“追星”一样，给他送礼物，把手里的水果丢进潘安的车里。潘安总是载着一车水果回家。

与谣言有关——三人成虎

释义：三个人说的有老虎，就真的让人相信有老虎了。比喻谣言重复多次，就能让人信以为真。

出处：【西汉】刘向《战国策·魏策》

战国时期，魏国的大臣庞葱被派去和太子一起到赵国当人质。临走时，庞葱问魏王说："如果有一个人说街市上出现了老虎，大王您会相信吗？"

魏王说："我当然不会相信了，街市上怎么可能会出现老虎呢？"

庞葱又问："如果有两个人说街市上有老虎，大王您还会相信吗？"

魏王半信半疑。

庞葱又问："如果有三个人都说街市上有老虎，大王您会相信了吧？"

魏王回答说："我当然会相信了。"

庞葱说："现在百姓和乐，街市上是不会有老虎的。但是，如果说的人多了，谣言也会变成事实。我陪太子去当人质，遭到很多人非议，希望大王可以明察秋毫。"

魏王说："放心去吧！我明白！"

与朋友有关——高山流水

释义： 古琴曲中弹奏的两种意境。后比喻知音难遇或乐曲高妙。

出处：【战国】列子《列子·汤问》

“伯牙善鼓琴，钟子期善听。伯牙鼓琴，志在高山。钟子期曰：‘善哉，峨峨兮若泰山！’志在流水，钟子期曰：‘善哉，洋洋兮若江河！’伯牙所念，钟子期必得之。”

春秋时期，有一个非常有名的琴师，名叫伯牙，他精通音律，琴艺十分高超，钟子期善于聆听。伯牙弹琴，内心向往着巍峨的高山，钟子期便说：“弹得太好啦，像泰山耸立在我面前一样！”伯牙内心向往着波涛汹涌的江河，钟子期便说：“弹得太好啦，像站在奔流的江水前面一样！”只要是伯牙心里想的，钟子期都能够通过他的音乐领会出来，他是伯牙的“知音”。“知音”一词就出于这个典故。

与决心有关——破釜沉舟

释义： 釜（fǔ），锅。项羽跟秦兵打仗，过河后把锅都打破，船都弄沉，表示不再回来。比喻下决心，不顾一切干到底。

出处：【西汉】司马迁《史记·项羽本纪》

秦朝末年，秦将章邯把赵军围困在邯郸，两军对峙，都不敢轻举妄动。楚怀王任命宋义为主将，项羽为副将，前去营救赵军。但宋义到了以后却迟迟按兵不动，项羽耐不住性子，跑去质问宋义："现在形势这么紧急，我们应该快点去营救赵军。"宋义却不以为意，整日在军中饮酒作乐，士兵们也逐渐懈怠。

第二天，项羽忍无可忍，杀了宋义，赢得了士兵们的拥戴。随后，项羽率领军队渡过黄河，让士兵们饱饱地吃了一顿饭，下令："把渡河的船凿穿，沉入水中！把做饭的锅砸烂！只进不退，一定要胜利！"就这样，没有退路的楚军士气高昂，打得秦军落荒而逃。项羽也从此声震天下。

与动物有关——指鹿为马

释义：指着鹿却说是马。比喻有意颠倒黑白，混淆是非。

出处：【西汉】司马迁《史记·秦始皇本纪》

秦始皇病死，下诏书让他的大儿子扶苏继承皇位，但中车府令（掌管皇帝车马）赵高却想让秦始皇的小儿子胡亥当皇帝。赵高便和胡亥串通一气，篡（cuàn）改了诏书，杀害了扶苏，让胡亥继承了皇位，称为秦二世。但赵高并不满足，他想自己当皇帝。

一天，大臣们都来上早朝，赵高牵来一只鹿献给秦二世，说："这是一匹千里马，我特意把它献给陛下。"秦二世左看右看，满脸疑惑地问赵高："这明明是一只鹿啊，你怎么说它是马呢？"赵高不理会秦二世，严厉地问大臣们："你们说说，这到底是鹿还是马呀？"有的大臣为了讨好赵高，说："丞相说得对，这就是马。"但有的大臣不愿意违背自己的良心，说："这不是马，这分明是鹿。"

赵高觉得说实话的人都是不甘心听从他命令的人，没过多久，就把他们都赶出朝廷了。

与疾病有关——讳疾忌医

释义：讳（huì），忌讳。忌，害怕。隐瞒疾病，害怕医治。引申为掩饰缺点，不愿改正。

出处：【战国】韩非《韩非子·喻老》

有一次，扁鹊去见蔡桓公，说蔡桓公生病了，虽然现在只是小病，但不治疗的话就会变严重。蔡桓公说自己没病，还在扁鹊走了之后，说扁鹊是想借此邀功。后来，扁鹊几次三番去见蔡桓公，并提醒他病症已经越来越重了，蔡桓公就是不信。三十天以后，扁鹊再见到蔡桓公时，连忙躲着走开了。蔡桓公叫人去问怎么回事，扁鹊说那病深入骨髓，无法医治了。果然不出五天，蔡桓公病发，再找扁鹊时，扁鹊早已逃走了。蔡桓公就这样死掉了。

成语的演变

随着时代的发展，有些成语的语义也发生了改变，如果只凭字面意思，想当然地胡乱使用，常会闹出笑话。

语义变化有褒（bāo）义变成贬义、贬义变成褒义、语义完全改变三种情况。

褒义变成贬义。比如“赤膊（bó）上阵”，说的是光着上身上阵打仗。原本形容勇敢，现在形容蛮干，或者毫无准备地从事某项活动。

赤膊上阵

释义： 赤膊，光着上身。原指光着脊梁，不顾一切地出阵作战。现常比喻不讲策略或毫无掩饰地从事某项活动。

出处： 【明】罗贯中《三国演义》

东汉末年，马腾被曹操杀掉。马腾的儿子马超为报父仇，与韩遂联合起来，出动数十万大军进攻曹操。

在交战过程中，马超与曹操部下的猛将许褚（chǔ）大战了一百多回合，不分胜负。许褚杀得兴起，卸下盔甲，浑身青筋暴起，赤着胳膊，提刀上马，与马超展开决战。

贬义变成褒义。比如后来居上，指新的、资格浅的超过资格老的。原本表示不满、不以为然的态度，略带贬义，现在则表示赞赏的态度，带有褒义。

后来居上

释义： 居，处于。原本用来表达对后来者超过先来者的不满，略带贬义。现在常用来称赞后辈超过前辈，表示赞赏的态度，带有褒义。

出处： 【西汉】司马迁《史记·汲郑列传》

汲黯（jí àn）、公孙弘（hóng）和张汤三人都是汉武帝的臣子。后公孙弘和张汤的官职原本比汲黯小，后来，公孙弘做了丞相，张汤做了御史大夫，官职都比汲黯大。汲黯很不满，对汉武帝发牢骚说："陛下用人，跟堆放木柴一样，把后来的放在上面。是后来者居上啊！"

语义完全不同。比如“愚不可及”，原本是指假装愚痴，以免祸患，现在形容非常愚蠢。再比如“明目张胆”，原指大胆地做好事，现在指大胆地做坏事。

愚不可及

释义： 及，赶上。达不到那种愚蠢的程度，表示愚蠢到了极致。原指人为了避免祸患而装糊涂，现在多用来形容非常愚蠢。

出处： 【春秋】孔子《论语·公冶长》

春秋时期，卫国有个宁武子，担任大夫的官职。当国家政治开明、形势对他有利时，他就充分发挥自己的聪明智慧，竭力尽忠；当君主昏庸、对他不利时，他就开始装愚蠢。

孔子很有见地地说：“宁武子这个人，他的那种聪明，别人可以做得到，但他的那种愚蠢，别人就做不到了。”

明目张胆

释义：睁开双眼，放开胆量。原指有胆有识、敢作敢为，现在常用来形容公开地、无所顾忌地做坏事。

出处：【唐】房玄龄等《晋书·王敦传》

东晋时期，有个叫王敦（dūn）的将军派他的哥哥王含为元帅，带领大军来到都城建康，打算踢开晋元帝司马睿（ruì），自己做皇帝。他的堂弟、丞相王导写了一封信，斥责他说："我虽然不是将士出身，但为了国家安宁，我要睁开眼睛，放开胆量，统领天子的大军，作为一个忠臣和你战斗到底。"

成语的字数

四字成语

成语言简意赅（gāi），多为四字，但也有不是四个字的。

成语大多为四个字，是因为四字结构短小明快，诵读时抑扬顿挫，有韵律美。在古汉语里，四个字完全可以表达复杂的语法结构，往往四个字里，就有很广阔的天地了。

四字成语中，有的出处是四字的诗文，比如“辗（zhǎn）转反侧”。

辗转反侧

释义： 翻来覆去，睡不着觉的样子。形容心里有所思念，后引申为心事重重。

出处： 【先秦】《诗经·关雎（jū）》

“悠哉（zāi）悠哉，辗转反侧。”意思是求之而不得之，睡眠不安，心有忧思，翻来覆去睡不着觉。

秉烛夜游

还有一些四字成语是将更复杂的文字通过编辑整合得到的，如“秉（bǐng）烛夜游”。

秉烛夜游

释义：夜晚也不歇息，手执蜡烛在外游玩。指人生苦短，要及时行乐。

出处：【东汉】《古诗十九首·生年不满百》

生年不满百，常怀千岁忧。

昼短苦夜长，何不秉烛游！

为乐当及时，何能待来兹（zī）？

愚者爱惜费，但为后世嗤（chī）。

仙人王子乔，难可与等期。

还有的四字成语是后人总结出来的，原文中并没有成形的成语，有的只是一个故事，比如“一饭千金”。

一饭千金

释义：别人给的一顿饭，用千金回报。比喻厚报对自己有恩的人。

出处：【西汉】司马迁《史记·淮（huái）阴侯列传》

韩信没有得志的时候，生活很穷困，以钓鱼为生。河边有个洗衣服的老妇人看他饿着肚子，就连着几十天给韩信饭吃。韩信很感动，说：“我将来一定重重报答您。”老妇人生气地说：“男子汉大丈夫，连喂饱自己都做不到，我是可怜你才给你饭吃，难道是图你的报答吗？”后来，韩信为汉王立下许多功劳，被封为齐王。他回到故乡，找到那个老妇人，向她道谢，并送给她一千两黄金来答谢她。

非四字成语

成语并不都是四个字的，也有两字、三字、五字及更多字的。少于四个字的成语，如推敲、掣肘（chèzhǒu）、破天荒、抱佛脚等。多于四个字的成语，如千里送鹅毛、风马牛不相及、此地无银三百两等。还有的成语由两句构成，每句四个字，共八个字，如金玉其外、败絮（xù）其中等。

推敲

释义：比喻写文章的时候反复思考，仔细斟酌（zhēnzhuó）。

出处：【唐】贾岛《题李凝幽居》

一天，贾岛骑着他的毛驴，去拜访好友李凝。路上，他一边作诗“鸟宿池边树，僧敲月下门”，一边用手反复比画着推和敲的动作，到底用“推”字好，还是用“敲”字好呢？贾岛一直犹豫不定。

他一直做推、敲的动作，忘了拉住缰绳，毛驴

竟然闯进了新任京兆尹韩愈和随行人员的队伍里，侍卫抓住贾岛，把他带到了韩愈面前。

韩愈其实早就看到了这个骑在毛驴上瘦弱的和尚，等问清楚状况，对贾岛作诗反复斟酌的精神很是钦佩，于是和他一起探讨，到底用哪个字合适。最后，两人都觉得“敲”字好，这首诗才算完成了。

千里送鹅毛

释义： 比喻礼物虽微薄，情谊却深厚。

出处： 【宋】欧阳修《梅圣俞寄银杏》

唐朝时，使者缅（miǎn）伯高要给大唐皇帝送去一只天鹅。不料天鹅飞走了，只追回了几根鹅毛。缅伯高把鹅毛献给大唐皇帝说：“物轻人意重，千里送鹅毛。”

防民之口，甚于防川

释义：阻止人民进行批评而引起的危害，比堵塞河川所造成的洪水还要大。指不让人民说话，必有大害。

出处：【春秋】左丘明《国语·周语上》

周厉王的统治非常暴虐，老百姓

都十分不满。大臣召穆公听到百姓的议论越来越多，就劝周厉王，不能再这样下去了。周厉王不听，反而把议论朝政的百姓抓起来。这样一来，百姓们都不敢说话了。周厉王很得意，大臣召穆公却说："这不是朝政变好了，而是百姓不敢说话了，堵住人民的嘴，比堵住河流还要危险呀！"三年后，百姓终于忍无可忍，联合起来推翻了周厉王。

鸟尽弓藏，兔死狗烹

释义：烹烧煮食物。飞鸟打尽了，弓箭就被收藏起来；野兔死光了，猎狗就被煮来吃了。比喻成功后把出过力的人抛弃或杀死。

出处：【西汉】司马迁《史记·越王勾践世家》

越国灭掉吴国后，谋臣范蠡（lǐ）离开了越国，泛舟五湖。他写信给另一个大臣文种（zhǒng）说："飞鸟尽，良弓藏；狡兔死，走狗烹（pēng）。越王为人长颈鸟喙（huì），可与共患难，不可与共乐。"劝文种也离开。文种看完信，觉得范蠡说得有道理，就以生病为借口，不去上早朝了。

但是过了不久，越王听信谗言，疑心文种要谋反，就派人送给文种一把剑。文种一看，原来正是当年夫差叫伍子胥自杀时赐给他的那把剑。他顿时明白了越王的意思，感叹道："我后悔没有听范蠡的劝告啊！"于是便拿起剑自杀了。

成语的感情色彩

很多成语带有褒义或贬义，褒义表示赞扬，贬义表示贬损，不了解其感情色彩，就容易误用。

下面列举的是意思相反、褒贬相反的成语，前者为贬义，后者为褒义。

半途而废——坚持不懈（xiè）；

鼠目寸光——高瞻（zhān）远瞩（zhǔ）；

盛气凌人——平易近人；

无精打采——神采奕（yì）奕。

下面列举的是意义相近、褒贬相反的成语，前者为贬义，后者为褒义。

臭味相投——情投意合；

趾（zhǐ）高气扬——昂首阔步；

顽固不化——坚贞不屈；

诡计多端——足智多谋；

见风使舵（duò）——随机应变；

处心积虑——殚（dān）精竭（jié）虑；

蠢（chǔn）蠢欲动——跃跃欲试；

半斤八两——平分秋色。

半途而废

释义： 比喻事情没做完就停止，不能善始善终。

出处：【西汉】戴圣《礼记·中庸》

东汉时，有个叫乐羊子的书生外出求学，仅仅一年的时间就回来了。妻子问他为什么回家，乐羊子说：“我想你，就回来了，没有什么特殊的事情。”

妻子听后，拿起一把剪刀，快步走到织机前，对他说：“丝绸如果织了一半被割断，就前功尽弃了。你要积累学问，成就自己的美德，就不能中途放弃。”

乐羊子被妻子的话触动了，再次出门求学，一连七年没有回家，终于学有所成了。

趾高气扬

释义：趾，脚趾，这里代指脚。人走路的时候脚抬得很高，神气十足，形容骄傲自满、得意忘形。

出处：【春秋】左秋明《左传·桓公十三年》

“他……撞了人，趾高气扬，作揖（yī）拱手，绝无上下。”

“谦虚”的成语

谦辞

谦辞是表示谦虚的言辞，多用于自己说自己，最好不要用来形容别人。比如年轻人会称自己为“小子”，这就是谦辞，有我是个年轻后生、资历浅薄的意思。如果你随意管其他人叫“小子”，就含有贬义了，那个人一定不爱听。

成语中也有很多谦辞，在不同的场合都能用到。

成语中的谦辞举例

贻（yí）笑大方、无功受禄、一孔之见、才疏学浅、挂一漏万、笨鸟先飞、望尘莫及、班门弄斧、聊表寸心、洗耳恭听、忝（tiǎn）列门墙、蓬荜（péngbì）生辉。

无功受禄

释义：没有功劳但是得到了报酬。

出处：【晋】刘昫（xù）《旧唐书·隐逸·李元恺传》

“无功受禄，灾也。”

没有功劳，但是得到了优厚的待遇，这可能是灾祸。

战国时期，各诸侯国之间战争不断，经常互相侵占对方的领土。赵国打算吞并楚国。楚怀王非常着急，准备封杜赫为五大夫，让他去赵国求和。陈轸（zhěn）知道以后，觉得这样做不妥当，就和楚怀王说：“您先封杜赫为五大夫，如果他没有完成任务，这不是无功受禄吗？”

抛砖引玉

释义： 抛，扔出，掷出。引，招引，招来。抛出没有什么价值的砖头，而换来贵重的美玉。比喻用粗浅的东西引出完美的东西，多用于自谦。

出处：【宋】释道原《景德传灯录》

大众晚参，师云："今夜答话去也，有解问者出来。"时有一僧便出，礼拜。师曰："比来抛砖引玉，却引得个墼（jī）子。"后世据此典故引申出成语"抛砖引玉"。

望尘莫及

释义： 望得见走在前面的人带起的尘土却追赶不上。表示对他人的本领表示钦佩和赞扬，自己远远落在后面。

出处：【南朝·宋】范晔《后汉书·赵咨传》

"夫子奔逸绝尘，而回瞠（chēng）若乎后矣。"奔逸绝尘是说走得极快。

班门弄斧

释义: 班，鲁班，即公输子，我国古代著名的木匠。弄，舞弄。在鲁班门前舞弄斧子。比喻在行家面前卖弄本事，常用于自谦，多用在展示自己的才艺、技能之前。

出处: 【唐】柳宗元《王氏伯仲唱和诗序》

“操斧于班、郢（yǐng）之门，斯强颜耳。”

鲁班是木匠鼻祖，是古时候木工技巧最高超的人。班门弄斧意思是说自己在鲁班家门口舞弄斧子，既表示了谦虚，又夸赞了对方。

蓬荜生辉

释义：蓬荜是“蓬门荜户”的略语，即用蓬草和藤条编制的门，借指穷苦人居住的简陋房屋。生辉就是增添了光辉。用于对登门拜访的客人表示欢迎。

出处：【宋】王柏《回赵星渚书》

“专使远临，俯授宝帖，联题累牍（dú），蓬荜生光。”翻译过来就是：“领导大老远地派人来了，还给我送来了大作，真是让我们家蓬荜生辉呀！”

成语和修辞

成语中常会运用各种修辞手法，以增强表现力。

常见的有把一样事物形容成另一样事物的比喻手法。如：如鱼得水、冷若冰霜、挥汗如雨。

让事物具有人的行为和感情的拟人手法。如：狐朋狗友、兔死狐悲、黔（qián）驴技穷。

把具有明显差异的事物放在一起比较的对比手法。如：口蜜腹剑、南辕（yuán）北辙（zhé）、口是心非。

如鱼得水（比喻）

释义：就像鱼得到了水一样。比喻得到和自己非常投合的人，或到了适合自己的环境。

出处：【西晋】陈寿《三国志·蜀志·诸葛亮传》

东汉末年，刘备三顾茅庐，才请来了诸葛亮，所以对他非常尊重。这引起了关羽、张飞等人的不满，刘备耐心地向关羽、张飞解释说：“我有了诸葛亮，就像鱼儿得到了水一样，希望你们不要再多说了。”

挥汗如雨（比喻）

释义：挥，抹去。用手抹下的汗，洒出去，就像下雨一样。形容因天气热或温度高而出汗多。

出处：【西汉】刘向《战国策·齐策》

在临淄（zī）的道路上，车轮撞击着车轮，人与人的肩膀互相摩擦，把人们的衣服连起来能够形成帘子，举起衣服袖子能够形成大幕，人们出的汗可以挥洒成雨。

黔驴技穷（拟人）

释义：黔，指贵州。比喻有限的一点本领已经用完了。

出处：【唐】柳宗元《柳河东集·黔之驴》

贵州这个地方本来没有驴，有个人运来了一头驴，却没有什么用处，就把它放到了山下。一只老虎来了，看到驴，还以为它是神兽呢，便躲在树林里偷偷观察。驴叫了一声，非常响亮，老虎都要被吓死了。可是慢慢地，老虎发现驴只会叫两声，踢几下，没什么别的本领，就扑上去把驴给吃了。

口蜜腹剑（对比）

释义： 嘴上说得很甜，肚子里却揣着害人的主意。形容嘴甜心狠，为人阴险。

出处：【北宋】司马光《资治通鉴》

李林甫是唐玄宗的臣子。一次，他对同僚（liáo）李适之说："华山出产黄金，如果能够开采出来，就能大大地增加国家的财富了。"

李适之就跑去建议皇帝快点开采，皇帝把李林甫找来商议。李林甫却说："华山跟帝王的气运相关，怎么能随便开采呢？"结果，皇帝把他当成了忠臣，而对李适之则大为不满。

李林甫当面一套，背后一套，为人阴险，所以后人说他是"口有蜜，腹有剑"。

南辕北辙（对比）

释义： 辕，车前驾牲口拉车用的直木。辙，车轮压出的痕迹。车辕正朝南，而车辙却是向北的。本该往南走，可是车子却向北行。

出处：【西汉】刘向《战国策 · 魏策》

魏王想攻打赵国，季梁劝他说："我在太行山下遇到一个向北走却要去楚国的人，我告诉他说：'你的方向错了！'他却回答我说：'没关系，我的马跑得很快！'虽然这位马车夫驾车技术非常好，但是他这样走下去，只会离楚国越来越远。同样的道理，如果大王仗着强势想称霸，你越是这样做，离称霸的目的就越远，和那个想到南边的楚国，却往北走的人一样。"魏王听了之后觉得很有道理，最后终于放弃了攻打赵国的计划。

成语的常见修辞手法还有：

把事物的形象、特征等着意放大或缩小的夸张手法。如：投鞭断流、胆大包天、一日三秋。

以事物的一个特征指代整体事物的借代手法。如：披坚执锐、青黄不接、手无寸铁。

用字数相等、结构相同、意义相似的短语强化表达的对偶手法。如：四体不勤，五谷不分；道不拾遗，夜不闭户；得道多助，失道寡（guǎ）助。

投鞭断流（夸张）

释义： 把马鞭全部投入江中就能截断水流。比喻兵马多，兵力强。

出处：【唐】房玄龄等《晋书·苻（fú）坚载记》

苻坚打算攻打东晋，大臣石越劝苻坚说："晋国有长江阻挡，不可逾越，我们不一定能取胜。"苻坚傲慢地说："我的兵将们把马鞭都投入长江中，就能截断水流，无坚不摧！"

祸起萧墙（借代）

释义：萧墙，大门内面对大门遮挡视线的矮墙。指内部发生祸乱，也比喻身边的人带来灾祸。

出处：【春秋】孔子《论语·季氏》

冉（rǎn）有和子路是孔子的弟子，都曾为鲁国大夫季孙氏效力，当听到季孙氏要攻打附庸国颛臾（Zhuānyú）时，两人去见孔子，说了这件事。

孔子说："你们一起辅佐季孙氏，却不能用文治教化不归服的人；国家支离破碎，你们却没有办法保全。恐怕季孙氏的忧愁不在颛臾，而是在萧墙之内。"

四体不勤，五谷不分（对偶）

释义： 四体，人的手足。五谷，通常指黍（shǔ）、稻、麦、稷、菽（shū）。不参加劳动，不能辨别五谷。形容脱离生产，缺乏劳动知识。

出处： 【春秋】孔子《论语·微子》

子路跟随孔子出行，被落在了后面。

路上，子路遇到了一位老者，挑着农具。子路问他：“你看到我的老师了吗？”老者回答说：“不干农活，不参加劳动，不认识五谷，谁知道你的老师是谁！”说完，不顾愣在原地的子路，干农活去了。

晚上，老者在家中用黄米饭招待了子路。第二天，子路赶上孔子，和他说起了这件事。孔子说：“这是个隐士啊！”

道不拾遗，夜不闭户（对偶）

释义： 道，路。遗，指丢失的东西。户，本义为单扇的门，泛指门。路上丢失的东西没有人捡，夜里睡觉不必关门。通常用来形容政治清明、民风淳朴。

出处：【宋】司马光《资治通鉴》

唐太宗和群臣讨论如何有效地减少偷盗行为，有的人建议颁布严酷的法律。唐太宗微笑着说："老百姓之所以去做盗贼，是因为贪官污吏横行霸道，赋税太多，他们吃不饱、穿不暖，也就顾不得什么礼义廉耻了。我们应该节省开支，少收赋税，任用廉洁的官员，让老百姓吃得饱、穿得暖，他们自然就不会去当盗贼了。又哪里用得着严酷的法律呢？"

没过几年，天下太平，没有人把掉在路上的东西捡走据为己有，大门可以不关，商人和旅客可以随处露宿。这就是历史上著名的唐太宗"贞观之治"时期出现的景象。

更多修辞手法

反问。如：不入虎穴，焉得虎子；皮之不存，毛将焉附。

回环。如：来者不善，善者不来；用人不疑，疑人不用。

顶真。如：知无不言，言无不尽；人同此心，心同此理。

有的成语会同时运用多种修辞手法，如"覆巢之下，岂有完卵"，既有比喻，又有反问。

成语和谚语、歇后语

成语和谚语

成语多为词组，多为书面语，形式以四言为主，较为整齐。谚(yàn)语多为句子，有浓厚的口语色彩，形式也不像成语那样整齐，如“饭后百步走，活到九十九”“天下乌鸦一般黑”等。有些话既可以说是成语，也可以说是谚语，比如“路遥知马力，日久见人心”。

有的成语和谚语能表达的意思相同，但成语更典雅，谚语更活泼。如（前面的是成语，后面的是谚语）：

一曝（pù）十寒——三天打鱼，两天晒网；

一丘之貉（hé）——天下乌鸦一般黑；

见异思迁——这山望着那山高；

饮水思源——吃水不忘挖井人；
自作自受——搬起石头砸自己的脚；
孤掌难鸣——一个巴掌拍不响；
吹毛求疵（cī）——鸡蛋里挑骨头；
直言不讳——打开天窗说亮话。

一丘之貉

释义： 貉，动物名，外表像狐狸。一个山丘里的貉。比喻彼此一样，没有什么差别。今用作贬义，比喻都是一样的坏人。

出处：【东汉】班固《汉书·杨恽（yùn）传》

西汉时，有个叫杨恽的人，听说匈奴的首领被人杀了，感叹道：“这个国君当得不够好啊！大臣提出了好的治国策略，他不肯采用，结果却白白送了命。他简直和历代不作为的君主一样，真像同一个山丘里的貉，毫无差别呀！”

成语和歇后语

与成语相比，歇后语更加口语化，它不像成语那样整齐，形式通常由两部分组成，前一部分像谜面，后一部分像谜底，共同说明一个意思，所以有时只说前半截，“歇”去后半截，也能领会它的本意，所以叫“歇后语”。如：水仙不开花——装蒜，外甥打灯笼——照旧（舅）。有的歇后语会用成语作为谜面或谜底，如：王母娘娘蟠桃会——聚精会神，司马昭之心——路人皆知。

司马昭之心——路人皆知

释义：野心非常明显，为人所共知。

出处：【西晋】陈寿《三国志·魏志》

三国后期，皇帝曹髦（máo）已经没有了实际的权力，成了名副其实的“傀儡”，魏国的大权都掌握在司马昭手上。

司马昭野心勃勃，总想取代曹髦。他滥用职权，铲除对自己不利的人，将他们全都杀害了。曹髦虽然年仅二十岁，但他知道自己这个“傀儡皇帝”当不长，迟早会被司马昭废除，就打算铤而走险，一举除掉司马昭。

一天，曹髦找来心腹大臣，说：“司马昭的野心，所有人都知道。我不能忍受有名无实

的屈辱，你们和我一起去讨伐他吧！”

几位大臣知道这样做无异于飞蛾扑火，都劝他暂时忍耐一下，再从长计议。一个叫王经的大臣对他说：“现在大权落在司马昭手里，朝廷上下都是他的人，如果您莽撞行事，后果将不堪设想。”

曹髦不听劝阻，亲自率领几百个仆从去找司马昭。结果，连司马昭的面都没看到，就被司马昭的兵将用长矛给刺死了。

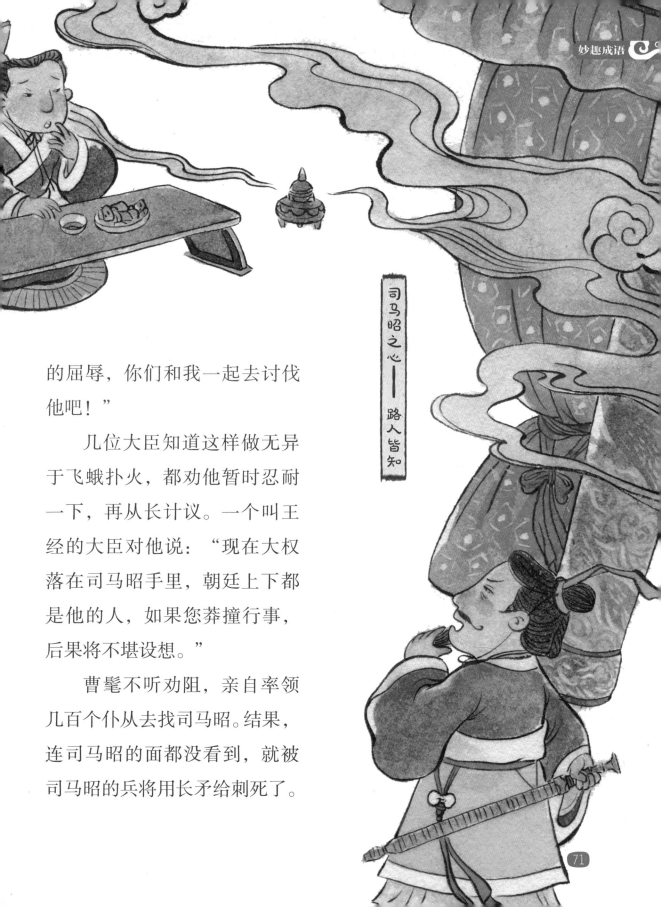